Elke Hartebrodt-Schwier

SO GEHT'S:
FEEDBACK
GEBEN

neukirchener
aussaat

Bibliografische Information der
Deutschen Nationalbibliothek

Die Deutsche Nationalbibliothek verzeichnet
diese Publikation in der Deutschen Nationalbibliografie;
detaillierte bibliografische Daten sind im Internet über
http://dnb.d-nb.de abrufbar.

© 2012 Neukirchener Verlagsgesellschaft mbH,
Neukirchen-Vluyn
Alle Rechte vorbehalten
Umschlaggestaltung: Andreas Sonnhüter, Düsseldorf,
unter Verwendung eines Bildes von ijsendoorn/istockphoto.com
Lektorat: Simon Schild, Krefeld
DTP: Andreas Sonnhüter, Düsseldorf
Verwendete Schriften: Sabon, DIN Rounded
Gesamtherstellung: Bercker Graphischer Betrieb, Kevelaer
Printed in Germany
ISBN 978-3-7615-5924-6
www.neukirchener-verlage.de

INHALT

EINLEITUNG

Feedback ist der Motor für die Weiterentwicklung von Einzelpersonen und Gruppen. Mir ist das Feedback zum ersten Mal in meiner Rolle als jugendliche Ehrenamtliche begegnet. Damals war ich häufig in einem Team für die Leitung von Juleica-Schulungen. Als es in der Vorbereitung um die inhaltlichen Planungen ging, stand das Feedback regelmäßig auf dem Programm. Bei Gelegenheit fragte ich den Hauptamtlichen: „Welchen Sinn hat eigentlich das Feedback und gibt es noch eine andere Methode als die, die du einsetzt?" Auf den ersten Teil der Frage antwortete er: „Ich muss wissen, wie sich die Teilnehmer gefühlt haben, um für weitere Veranstaltungen planen zu können." Doch Feedback ist mehr als die Mitteilung von Gefühlen: Es umfasst eine ganze Bandbreite an Interventionen und somit gibt es zahlreiche Methoden für die Praxis, was den zweiten Teil der Frage beantwortet. Einige der Methoden, die ich selbst in den vergangenen Jahren kennengelernt und angewendet habe, stelle ich in dem vorliegenden Buch dar.

Feedback beinhaltet zwei Komponenten: das Feedback-Geben und das Feedback-Annehmen. Beide stehen gleichrangig nebeneinander. Feedback dient der Selbst- und Fremdwahrnehmung und macht sicht- und hörbar, wie das Verhalten des Senders auf den Empfänger wirkt. Es ist ebenfalls eine wichtige Quelle des sozialen Lernens: Feedback spornt an und lässt die Menschen aufmerksam werden.

Das Buch wendet sich an diejenigen, die Feedback in der Arbeit mit Gruppen einsetzen. Dabei habe ich primär die Arbeit mit Jugendlichen und Erwachsenen im Blick. Einige Methoden stammen aber auch aus meiner Berufspraxis in der Arbeit mit Kindern und können dort eingesetzt werden.

Der Theorieteil bietet einen Blick hinter die Kulissen des Feedbacks: Das Verhalten von Gruppen wird verändert und die gruppenspezifische Kommunikation verbessert. Die theoretischen Grundlagen werden durch Beispiele aus meiner praktischen Arbeit (Erlebnismomente) ergänzt und somit lebendig für die eigene Praxis. Es sind Angebote für eine ganzheitliche Lernerfahrung beim Wahrnehmen, aktiven Zuhören und Aussprechen von klaren, eindeutigen Ich-Aussagen.

KAPITEL 1
GRUNDSÄTZLICHES ZUM FEEDBACK

1.1. Woher kommt der Begriff Feedback?

Feedback kommt aus dem Englischen und meint die Rückfütterung von Informationen (von englisch *feed* „füttern" & *back* „zurück").

Das Duden-Fremdwörterbuch zieht einen Vergleich zur Kybernetik (Lehre von Regelungsprozessen): Feedback sei eine „zielgerichtete Steuerung eines biologischen, technischen od. sozialen Systems durch Rückmeldung der Ergebnisse, wobei die Eingangsgröße durch Änderung der Ausgangsgröße beeinflusst werden kann"[1] . Das ist gültig für sämtliche Maschinen und auch für die Nahrungsaufnahme und -ausscheidung im Körper. Diese Erklärung beschreibt einen Kreislauf.

Bei zwischenmenschlichen Interaktionen lässt sich dieses Verständnis von Rückfütterung nur ansatzweise übertragen, denn sie variieren individuell und nach Situation. Für die persönliche Entwicklung und das soziale Lernen hat es eine Bedeutung, welche Personen einander begegnen, welche Eindrücke sie voneinander haben, welche Wünsche vorliegen und welche Informationen sie sich gegenseitig mitteilen. Welche Wirkung das Feedback beim Empfänger tatsächlich hat, ist nicht festgelegt. Dennoch hat sich der Feedback-Begriff im Alltag und in der Sozialwissenschaft fest etabliert. Allgemein ist hier die Rückmeldung bzw. die Rückbindung zwischen zwei und mehr Personen oder anderen sozialen Systemen gemeint.

---

[1] Duden, Das Fremdwörterbuch 5.

1.2. Was ist Feedback?

Das Feedback ist in sozialen Prozessen eine Methode, um mithilfe von Kommunikation und Interaktion einer konkreten Person eine Rückmeldung über deren Verhalten zu geben. Person A (Sender) beobachtet das Verhalten von Person B (Empfänger) und teilt ihm seine Reaktion mit. Person A zeigt somit an, wie er Person B wahrnimmt, versteht und erlebt. Das Feedback schafft dann neue Wirklichkeiten beim Empfänger, die Gegenstand seiner Reflexion werden und Einfluss auf mögliche Veränderungsprozesse in seinem Verhalten nehmen können.

Diese wechselseitige Mitteilung ist das Geben und Annehmen von Feedback.

Das Feedback bietet also die Möglichkeit, detaillierte Informationen darüber zu erhalten, wie das eigene Verhalten auf andere wirkt. Dabei sollen vier Bereiche erreicht werden:

1. Schärfen der Wahrnehmung für die sozialen Konsequenzen des individuellen Verhaltens.
2. Differenzieren zwischen Selbst- und Fremdwahrnehmung.
3. Entzerren von Verhaltensstereotypen.
4. Wahrnehmen als selektiver Vorgang, der keinen Anspruch auf Objektivität hat und durch die Biografie und die aktuelle Lebenssituation des Menschen bestimmt wird.

Für die Leitung einer Gruppe besteht die Aufgabe darin, den Teilnehmenden fruchtbare Feedbackprozesse zu erschließen, indem sie die Teilnehmenden mit grundlegenden Feedback-Techniken bekannt macht und ihr Interpretationspotential für den Prozessverlauf in der Gruppe zur Verfügung stellt.

1.3. Wer gibt und empfängt Feedback?

Sowohl beim Feedback-Geben als auch -Annehmen spielt die Haltung der Personen eine wichtige Rolle: Alle befinden sich auf gleicher Augenhöhe, sodass keine Aussage mehr wert ist als die andere. Respekt vor dem Gegenüber und Behutsamkeit sind eher angebracht als das Feedback um jeden Preis. Wer etwas von sich offenbart, tritt deutlich hervor und kann somit ein Feedback erhalten. So, wie jemand auf das Feedback reagiert, teilt er auch etwas über sich selbst mit.

„Anfänger" reagieren manchmal auf Feedback-Mitteilungen mit den Worten: „Das ist nicht wahr", „dein Eindruck ist falsch" oder „damit kann ich nichts anfangen, was du sagst". Doch Eindrücke und Wahrnehmungen sind nicht falsch, sie sind subjektiv und persönlich (s. Kapitel Wahrnehmungen). Sie können unscharf oder abstrakt sein, doch ihnen kann sich der Feedback-Annehmer nicht ohne weiteres entziehen.

Alle Menschen sind gleich und doch verschieden. Das nimmt Schulz von Thun in seinem Modell der Teilpersönlichkeiten „Das Innere Team" auf. Es betrifft sowohl die Feedback-Geber als auch die Feedback-Annehmer: „Zwei Seelen wohnen, ach! in meiner Brust, die eine wird sich von der andern trennen."[2], schreibt Goethe in Faust 1. Schulz von Thun geht davon aus, dass Teilinstanzen das Ganze des Menschen ausmachen, die er als die inneren Teammitglieder bezeichnet, d. h. nicht nur zwei, sondern eine Menge miteinander und gegeneinander arbeitender Seelen sind in jeder Person. Um klar und souverän Position zu beziehen, braucht es eine Selbstklärung dieser inneren Teamstimmen. Jeder besitzt einen Stammspieler

---

[2] Goethe, Faust, Vers 1112-1113.

und Nebenspieler, die innerlich im Hintergrund zu Wort kommen und willkommene sowie unwillkommene Fraktionen zum Stammspieler bilden. Diese Stimmen können je nach Situation unterschiedliche Namen tragen[3]. Damit das Feedback positive Veränderungen im Verhalten bewirken kann, geschieht dies z. B. über die wenig entwickelten Nebenspieler. Sie sind die Antreiber von Veränderungsprozessen. Da jedes Feedback wirkt, kann es beim Feedback-Annehmer einen inneren Konflikt[4] mit den Teamspielern auslösen. Wenn es ihm gelingt, sich mit den entfremdeten Teilen seines Selbst zu identifizieren, kann er Veränderungen im Verhalten vornehmen und zu einer kooperativen Selbst-Führung gelangen.

Erlebnismoment
zum Entwurf einer inneren Selbsterklärung:
Erinnere dich an eine konkrete Situation, bei der sich bei dir innerlich mehrere Stimmen gemeldet haben, z. B. dein Kollege fragt dich, ob du ihm bei einer Bewältigung seiner Arbeit helfen kannst.
Nimm dir Zeit, dich mit deinen inneren Teammitgliedern auseinander zu setzen, nach innen zu hören und dich dabei zu fragen:
Wie ist die Situation? Worum geht es?
Wie lautet für dich die Fragestellung?
Schreibe dir jede innere Stimme – entweder als Monolog oder Diskussion – in einer Grafik auf.
Diese innere Führung bezeichnet Schulz von Thun als Kontaktmanager[5], die die meisten Kommunikationssituationen gestalten.

[3] Schulz von Thun, Miteinander reden 3, S. 41–43.
[4] Schulz von Thun, Miteinander reden 3, S. 119ff.
[5] Schulz von Thun, Miteinander reden 3, S.77–78.

Dann frage dich zur Bestandaufnahme situations-
bezogen:
Wie wichtig empfindest du die inneren Stimmen?
Was sagen sie und welche Namen tragen sie?
(z. B. Das mildtätige Herz: „Natürlich helfe ich
ihm gern"; das schlechte Gewissen: „Ich würde
mich auch freuen, wenn mir einer hilft, wenn ich
um Unterstützung bitte"; der Hartherzige: „Ich
habe selbst genug zu tun, soll er doch damit allein
klar kommen"; der Eilige: „Bloß weg hier.")
Wie bewertest du sie? Welche Stimmen brauchst du,
um einen Veränderungsprozess vornehmen zu kön-
nen (das Soll-Team)? Welche Stimmen hindern dich?
In einem nächsten Schritt entscheide dich: Welche
Aussagen willst du in deinem Handeln berücksich-
tigen, damit diese einen Platz im Team erhalten?

1.4. Was bewirkt Feedback?

Jedes Feedback wirkt!

Selbst negative Rückmeldungen führen dazu, dass sich
die Kommunikation offen und frei gestaltet, weil unausgesprochene Fantasien die Beziehung belasten und ver-
krampfen. Niemand kann wissen, wie der andere auf das
eigene Verhalten reagiert. Nur durch Rückmeldung kann
Klarheit entstehen.

Beispiel aus der Praxis

*Mehrere Kollegen unterhalten sich in der Dienst-
besprechung über die im nächsten Jahr stattfin-
denden Freizeiten für Kinder und Jugendliche. Die
eine Person stellt eine Kinderfreizeit vor, die sie in
den kommenden Osterferien durchführen will. Da
sie aus beruflichen Gründen nicht weiß, ob sie tatsächlich dabei sein kann, überlegt sie gemeinsam
mit den Kollegen, wie sie das Team so aufstellen
könnte, dass die Freizeit auch ohne sie stattfinden
kann. Ein Kollege, der Interesse an der Leitung der
Kinderfreizeit hat, deutet die Situation folgender-
maßen: Es sei im Kollegenkreis nicht gewollt, dass
er diese Freizeit leitet. Deswegen äußert er seinen
Wunsch, mit im Team sein zu wollen, nicht.*

Seine Interpretation der Situation beeinflusst seine Reaktion,
die mit Fantasien über die anderen zusammenhängt. Diese
Fantasien können zum Käfig werden, wenn sie nicht über-
prüft werden. Als Leitsätze für Fantasien im Kopf gilt:

→ Unausgesprochenes belastet die Kommunikation.
→ Unausgesprochene Gefühle verwandeln sich in Gift,
  das Leib und Seele von innen angreift.
→ Ausgedrückte Gefühle ermöglichen eine Veränderung
  der emotionalen Realität.
→ Ob Fantasien zutreffen, kann nur das Gegenüber entscheiden. Er ist der Experte für seine Innenwelt.

Jeder hat in der Kommunikation die Möglichkeit, Fantasien für sich haltbar zu machen. Diese können nicht
mehr korrigiert werden und entwickeln eine Eigendyna-

mik, die zu einer „Sich-selbst-erfüllenden Prophezeihung" führt. Anders ist es, wenn über die Fantasien und Bedenken gesprochen wird. Eine Isolation wird vermieden. Bestehende Spannungen und Unsicherheiten können abgebaut werden. Es entsteht eine Kontaktbrücke zwischen beiden Kommunikationspartnern. In dem oben genannten Beispiel aus dem Berufsalltag ist der Fall so weiter gelaufen, dass die Kollegin ihren Kollegen später gefragt hat, ob er nicht bei dieser Freizeit im Team mitarbeiten wolle. Der Kollege war ganz erleichtert und freute sich, dass seine Fantasie gar nicht zutraf.

Erlebnismoment zu Fantasien im Kopf
Überlege dir eine Situation aus dem Alltag, die du mit einem „unguten Gefühl" zu deinem Gegenüber verbindest. Dann schlüpfe in die Rolle des anderen und sprich in der Ich-Form aus, was der andere über dich denken und fühlen mag. Alle Fantasien sind in diesem Schritt erlaubt. In einem zweiten Schritt überlege dir, ob und wie es angemessen sein könnte, diese Fantasien auf die Realität hin zu überprüfen und setze es um!
In einem dritten Schritt reflektiere, welche Erfahrungen du bei diesem Gespräch mit der anderen Person gemacht hast.

1.5. Welchen Nutzen hat ein offenes Feedback?

Jeder Mensch hat von sich ein Selbstkonzept und jeder hat ein Bild von seinem Gegenüber. Selbst- und Fremdwahrnehmung sind fast nie deckungsgleich (siehe Kapitel Selbst- und Fremdwahrnehmung). Je offener und ehrlicher Menschen einander mitteilen, wie sie einander wahrnehmen, desto besser kann jeder sein Selbstbild prüfen und seine Wirkung auf andere erkennen. Durch ein offenes Feedback kann der Empfänger erfahren, wie er auf andere wirkt. Er kann für sich überlegen, ob er das so will und kann dann gegebenenfalls Veränderungen in seinem Verhalten vornehmen.

Das Feedback klärt auch bestehende Beziehungen. In Beziehungen wird vieles verschwiegen. Durch ein offenes Feedback wird Verborgenes erkennbar: Wünsche, Bedürfnisse, Freude und Anerkennung, aber auch Verletzungen und Ängste.

Feedback verbessert dazu die Arbeitsfähigkeit. In vielen Gruppen werden Gefühle „unter den Tisch gekehrt", die zu zerstörerisch wirken können. In einem offenen Feedback können Gefühle, Beweggründe und Bedürfnisse offenbart werden. Dadurch entsteht Klarheit, die schließlich zu einer konstruktiven Zusammenarbeit führt. Das Feedback ist von Nutzen, wenn es Menschen hilft, sich selbst und ihre Wirkung auf andere zu verstehen.

Fazit: Feedback ist ein wirksames Instrument, um
→ Positionen zu verdeutlichen,
→ eine Gegenüberstellung von Selbst- und Fremdwahrnehmung zu schaffen,
→ Fantasien und Interpretationen zu korrigieren,
→ an konkrete Situationen zu binden,
→ gegensätzliche Identifikationen zu schaffen,
→ gegenseitige Beziehungen zu klären,
→ positive Veränderungen und positives Verhalten zu bewirken.

1.6. Wann und wo lässt sich Feedback einsetzen?

Im Alltag geschieht Feedback permanent: spontan, erbeten, nonverbal, verbal, unbewusst, bewusst, eindeutig und mehrdeutig. Ständig sind Reaktionen auf das eigene Verhalten zu beobachten: Zunicken, wegschauen, die Stirn in Falten ziehen, mit den Schultern zucken etc.

In der Arbeit in Gruppen ist das Feedback von zentraler Bedeutung. In Feedback-Runden trifft sich die Gruppe, und die Teilnehmenden geben sich gegenseitig Rückmeldung über ihre Eindrücke. Das Feedback kann als Austausch am Ende einer Sitzung, einer Gruppenarbeit oder einer Präsentation stattfinden. So kann der Feedback-Annehmer zum Beispiel aus den konkreten Erlebnissen lernen und seine Argumentationstechnik, sein Auftreten in der Gruppe und sein Verhalten verändern.

Während sich die Gruppe noch in der Orientierungsphase befindet, werden in der Regel Interventionen mit Feedback-Charakter vermieden, denn die Gruppenmitglieder stehen in unverbindlichen Beziehungen zueinander und wollen sich noch finden. Ein Feedback belastet eine solche Gruppenphase und führt zu Unsicherheiten bei den Teilnehmenden. Auch eine Partnerwahl während des Kennenlernens in der Gruppe zwingt zu einem unbewussten Feedback und fordert zu einer Positionierung auf.

In anderen Gruppenphasen ist ein Feedback besser häufig als selten auszuüben, da ansonsten die Gefahr besteht, dass Wahrnehmungen zu lange zurück gehalten und dann in einer solchen Heftigkeit formuliert werden, dass das Gegenüber mit dem Feedback verletzt wird. Gut es ist, wenn Zustimmung, Anerkennung und Bestätigung geäußert werden und nicht nur Kritik.

KAPITEL 2
ERFOLGREICHES FEEDBACK

Weder Feedback-Geben noch Feedback-Annehmen ist leicht. Es kann provozieren, Abwehr auslösen und die Beziehung belasten. Hilfreiche Formulierungen, wie z. B. „ich habe den Eindruck, dass ...", „ich habe wahrgenommen, dass ..." oder „du wirkst auf mich ..." machen für den Empfänger des Feedbacks deutlich, dass hier ein subjektiver Eindruck und eine Wirkung des Senders geschildert wird. Das Feedback-Geben hat drei Zielrichtungen.

Der Feedback-Geber ...

1. will aufmerksam machen, wie er das Verhalten des Gegenübers erlebt und was es für ihn bedeutet. Damit lässt sich die Beziehung untereinander fördern. Stolpersteine und Reibungsverluste nehmen ab.

2. will den anderen über seine Bedürfnisse und Gefühle informieren, damit der andere weiß, wie er Nachsicht üben könnte. So muss sich das Gegenüber nicht auf Vermutungen und Fantasien stützen.

3. will den anderen darüber aufklären, welche Veränderung in seinem Verhalten dem Feedback-Geber gut tun, damit z. B. die Zusammenarbeit und der gemeinsame Umgang miteinander erleichtert werden kann.

---

[6] Langmaack, Braune-Krickau, Wie die Gruppe laufen lernt, S. 109.

Der Feedback-Annehmer erfährt, wie er gesehen wird und welche Empfindungen von Freude, Ärger, Protest, Scham usw. er beim Feedback-Geber auslöst. Die Kunst besteht darin, jemanden zu sagen, wie er gesehen wird, ohne dabei zu verletzen. Im Folgenden stelle ich Kriterien dar, die für das Feedback-Geben und -Annehmen günstig sind.

2.1. Feedback-Geben

Damit Feedback-Geben für den Empfänger wertvoll ist, gibt es sinnvolle Grundsätze.

Feedback-Geben soll in der Regel ...

→ erwünscht sein

Beispiel aus der Praxis
Auf Freizeiten, die ich leite, schließt der jeweilige Tag mit einer Blitzlicht-Runde (siehe Kapitel 4.3.) ab. Ich habe die Erfahrung gemacht, dass feedback-ungeübte Teilnehmer in der ersten Runde oft wenig von sich und dem Erlebten erzählen. Wenn jedoch diese Runde zum Ritual eines Tagesablaufes gehört und erbeten ist, werden wichtige Einsichten für das eigene Verhalten und Erleben gewonnen. Bald beteiligen sich alle Gruppenmitglieder an dieser Methode. Hierbei ergeben sich neue Wirklichkeiten, die wiederum Gegenstand des Gruppenprozesses sein können.

→ zeitnah sein, also möglichst unmittelbar nach dem beobachtbaren Verhalten

Beispiel aus der Praxis

Die Gruppe kommt nach einem gemeinsam erleb-ten Tag zusammen. Das Gefühlte, das Innere des Einzelnen wird der Gruppe transparent gemacht. Jetzt besteht die Chance, sich als Sender auf eine ihm wichtige Situation zeitnah zu beziehen, statt diese erst Wochen später Revue passieren zu lassen und zu reflektieren. Ein Empfänger eines Feedbacks wird in der Regel mit einer Mitteilung verprellt, die schon Jahre zurückliegt: „Damals habe ich mich da-rüber geärgert, dass du heftig emotional auf meine Verspätung von eineinhalb Stunden reagiert hast."

→ beschreibend sein und nicht bewertend, interpretierend und nach Motiven suchend

Die Situation, die der Feedback-Geber wahrgenommen hat, wird dem Empfänger beschrieben ohne sie dabei zu interpretieren bzw. zu bewerten. Denn der Feedback-Geber kann nicht wissen, wie die subjektive Wahrheit des Empfängers nach der Mitteilung aussieht. Der Feed-back-Geber kann nicht beurteilen, ob „seine Wahrheit" besser ist als die „Wahrheit" des Feedback-Annehmers.

→ konkret sein, nicht verallgemeinernd

Allgemeingehaltene Sätze, wie zum Beispiel „Das Pro-gramm am Vormittag hat mir keinen Spaß gemacht", liefert dem Empfänger nur ein Gefühl des Senders. Was genau keinen Spaß gemacht hat, wird bei einer solchen Rückmeldung nicht deutlich. So entwickeln sich beim

Hörer mannigfaltige Fantasien darüber, was beim Sender die Auslöser für das Gefühl sein mögen.

Beispiel aus der Praxis

Ein Feedback-Geber sagt zu einer Person aus der Gruppe: „Ich nehme wahr, dass du mich ständig unterbrichst, wenn ich vor der Gruppe rede." Bei einer solchen Aussage ist es für den Feedback-Empfänger hilfreich, wenn er anhand eines konkreten zeitnahen Beispiels erfährt, wann er den anderen unterbrochen hat.

Der Inhalt der Beschreibungen soll sachliche und nachprüfbare Beobachtungen beinhalten und angemessen sein.

→ als Ich-Botschaft formuliert sein

Das Feedback soll unter dem eigenen Namen formuliert sein und nicht stellvertretend für die Gruppe geschehen, etwa wie: „Wir in der Gruppe sind der Meinung, dass dein mangelndes Zeitmanagement unsere Arbeitsprozesse behindert." Stattdessen könnte der Feedback-Geber sagen, um die Beziehung zwischen dem Sender und Empfänger der Nachricht zu klären: „Ich habe den Eindruck, dass dir die zeitlichen Abläufe von Arbeitsprozessen nicht bewusst sind. Ich konnte gestern nicht am Projekt weiter arbeiten, weil mir deine Informationen gefehlt haben. Ich wünsche mir von dir ..."

→ an den Bedürfnissen und der Belastbarkeit des Empfängers ausgerichtet

Auch wenn eine Person ein Feedback erbeten hat, kann es passieren, dass sie nach mehreren Rückmeldungen nicht mehr offen ist für weitere Feedback-Beiträge. Zum einen kann die Person selbst für sich sorgen und den anderen mitteilen, dass sie keine weiteren Rückmeldungen hören möchte. Zum anderen kann sich der Feedback-Geber erkundigen, ob der Empfänger noch weitere Äußerungen aufnehmen kann.

→ hilfreich sein

Der Sender eines Feedbacks hat eine schwierige Aufgabe. Er spricht subjektiv über seine Eindrücke. Diese Eindrucksschilderungen beruhen auf persönlicher Wahrnehmung und können daher niemals falsch sein. Wenn ein Empfänger sagt: „Mit dem, was ich von dir höre, kann ich nichts anfangen", kann das mehrere Ursachen haben. Zum einen blockt er möglicherweise einfach ab, er will sich damit nicht beschäftigen. Andererseits ist vielleicht die Aussage des Senders so konfus oder unverständlich, dass der Empfänger zunächst nichts damit anfangen kann. Ihm fehlt eine „Übersetzung". Daher soll der Sender versuchen, sich in das Denken und Fühlen des Gegenübers hinein zu versetzen, damit das Feedback vom Empfänger aufgenommen werden kann. Wenn der Empfänger das Feedback versteht, war der Sender erfolgreich.

→ sich auf Verhaltensweisen beziehen

Ein Feedback kann sich nur auf hilfreiche und/oder störende Verhaltensweisen beziehen, die der andere verändern kann. Für den Feedback-Nehmer ist es leichter, hilfreiche Verhaltensweisen zu bestärken, als störende abzubauen. Wenn ein Feedback-Geber seinem Gegenüber sagt, dass ihn seine großen Ohren stören, wird der Empfänger diese Botschaft nicht als hilfreich nutzen können, denn er wird seine Ohrengröße nicht verändern können.

Auch eine Mitteilung über den Charakter („Dein Charakter ist schlecht") des Feedback-Annehmers ist verletzend für den Empfänger. Weiterführend ist stattdessen die Mitteilung über konkrete Verhaltensweisen.

→ klar sein
Mit verschwommenen und vagen Aussagen kann der Empfänger nichts anfangen.

→ keinen Unfehlbarkeitsanspruch erheben
Der Feedback-Geber teilt seine Wahrnehmungen und Eindrücke mit, die zunächst nicht falsch sein können. Er kann sich als Sender der Mitteilung aber auch täuschen und sich gegebenenfalls zu einem späteren Zeitpunkt korrigieren.

Bei Rückmeldungen zwischenmenschlicher Vorgänge sind Taktgefühl und Behutsamkeit vom Sender angebracht, auch wenn eine solche sensible Kommunikation nicht davor bewahrt, dass ein Empfänger unwirsch auf solche Eindrucksschilderungen reagiert.
Wichtig ist, dass das Positive zuerst formuliert wird. Dies fördert beim Empfänger des Feedbacks die Bereitschaft, zuhören zu wollen. Wenn dann der Feedback-Geber nach seiner Einschätzung seinem Gegenüber eine negative Rückmeldung über sein Verhalten mitteilen möchte, dann folgt die Überleitung mit dem Bindewort „und". Die Konjunktion „aber" zerstört das zuvor positiv Gesagte.

Alle aufgezählten Grundsätze sind mit der Formulierung „in der Regel" eingeführt, da es Ausnahmen gibt, in denen ein Feedback sinnvoll ist, auch wenn dann der eine oder andere Hinweis keine Beachtung finden kann.

2.2. Feedback-Annehmen

In der Weihnachtsgeschichte heißt es: „ … und Maria bewegte alle diese Worte in ihrem Herzen."[7]

Der Feedback-Annehmer hat am meisten vom Feedback, wenn er es auf sich wirken lässt und nicht sofort anfängt zu argumentieren und sich zu verteidigen. Auch der Hinweis an den Feedback-Geber, seine Wahrnehmung würde sich nur auf einen Ausschnitt seines Selbst beziehen, bringt den Feedback-Geber zum Schweigen und zum Rückzug. Der Feedback-Annehmer bringt mit einer solchen Reaktion klar zum Ausdruck: „Ich will dein Feedback nicht hören und bin dafür nicht offen." Wer ein Feedback erhält, kann dabei im Blick haben, dass ihm keine objektiven Tatsachen, sondern subjektive Wahrnehmungen mitgeteilt werden. Feedback ist ein Geschenk, das jeder vollständig oder in Anteilen annehmen kann. Für denjenigen, der ein Feedback haben möchte, sind folgende Grundsätze eine Stütze:

Der Feedback-Annehmer soll in der Regel …

→ **das Feedback nur annehmen, wenn er sich in der Lage fühlt,**

→ **konkret angeben, über welches Verhalten er ein Feedback wünscht,**

→ **sich dem Feedback-Geber respektvoll zuwenden,**

→ **aktiv der Rückmeldung zuhören, nachfragen und klären,**

---

[7] Die Bibel, Lukasevangelium 2,19.

→ **mitteilen, wie er das Feedback erlebt hat (hilfreich, verletzend, nachdenklich machend)**

→ **nicht diskutieren, argumentieren oder sich rechtfertigen.**

Gerade bei Aussagen mit emotionalen Aspekten ist die Versuchung groß, diese zu kommentieren. Das ist nicht gestattet, denn jeder hat ein Recht darauf, seine Wahrnehmungen beschreibend zu äußern. Der Empfänger entscheidet, ob und welche Konsequenz er aus einem Feedback zieht. Ein Feedback führt nicht automatisch und sofort zu einer völligen Veränderung der Person und seines Handelns. Aber das Nachdenken über das Gehörte kann bereits einen Prozess zur Veränderung einleiten.

Diese Regeln helfen beiden Gesprächspartnern, damit das Feedback zu einer wichtigen Quelle des Lernens wird.[8]

Tipp:
Wer mag, kann auch Regeln hinzufügen, die im vorliegenden Katalog nicht formuliert sind.

---

[8] Vgl. http://www.stangl-taller.at/ARBEITSBLAETTER/KOMMUNIKATION/
Feedbackgeben.shtml

KAPITEL 3
INTERAKTION UND KOMMUNIKATION

Wissenswertes für das Feedback

Feedback ist eine spezielle Form der Kommunikation und Interaktion und findet ständig im Alltag und in Gruppen statt. In diesem Kapitel biete ich Impulse für einen Blick hinter die Kulissen von Kommunikations- und Interaktionsformen.

Sie
→ entlasten eine Beziehungsebene, lassen Respekt vor der anderen Person erkennen,
→ fördern die Selbstkundgabe,
→ fördern die Transparenz bezüglich der Intentionen,
→ setzen das Verstehen vor die Konfrontation und
→ ermöglichen die Selbstreflexivität.

Interaktionen sind Wechselbeziehungen zwischen zwei oder mehr Personen, die ihr Handeln aufeinander beziehen. Der Begriff Interaktion ist exakter als der Begriff Kommunikation. In der Kommunikation geht es zunächst um einen Austausch von Informationen, Bekanntmachen von Wissen, Erkenntnissen und Erfahrungen. Daneben passiert aber noch weitaus mehr zwischen den Menschen, wenn sie miteinander kommunizieren: Sie bauen Beziehungen auf. Natürlich spielt die Art und Weise der Kommunikation eine entscheidende Rolle.

Wer also Kommunikations- und Interaktionsformen wählt, die eine Beziehungsebene belasten, eine Person gering schätzen, die Selbstkundgabe erschweren, Anspruch auf Objektivität und Wahrheit erheben, ohne Verständnis konfrontieren und die Selbstreflexivität behindern, wird mit Sicherheit zu destruktiven und irrationalen Handlungen beitragen.

Kommunikation lässt sich in verbale und nonverbale Bereiche unterscheiden. Verbal ist die Kommunikation mit schriftlicher und mündlicher Sprache. Nonverbal meint die Körpersprache mit Gestik, Mimik, Bewegung, Körperhaltung, Tonfall und Stimmführung. Auch die Atmung, der Herzschlag, der Puls, Hautveränderung, Zittern von Stimme und Händen gehören dazu. Körpersprachlich wird betont oder entkräftet, was die Person oft selbst oder andere intuitiv erfassen und in Worten ausdrückt. Bei einer Beratung habe ich einmal erlebt, dass eine ratsuchende Person auf eine Frage hin die Hände schützend vor das Gesicht hielt und zeitverzögert sagte: „Oh je, ich habe geahnt, dass diese Frage kommen würde." Hier spricht der Körper bevor die Person ihre Gefühle in Worte fassen kann: „Ich will darauf nicht antworten." Wörter mit einer Gestik zu untermalen, verhilft zu einer intensiven Gefühlsreaktion. Die nonverbale Kommunikation ist mehrdeutig, denn wer z. B. während eines Telefonats am Computers weiter arbeitet, sendet seinem Gegenüber die Botschaft, dass er sich entweder langweilt oder einen dringenden Termin hat und den Text zu Ende schreiben möchte.

**Erlebnismoment
für eine nonverbale Kommunikation:**

*Der Körper hat seine eigene Sprache, mit der er
Übersetzer des Empfindens wird. Er macht Un-
sichtbares sichtbar – ohne Worte.*

Übersetze die folgenden Beispiele ins Verbale:

Mund fest zusammendrücken,

hochgezogene Schulter,

Finger auf den Mund legen,

ein Fuß klopft auf die Erde,

Hände schützend vor das Gesicht halten,

mit überkreuzten Beinen stehen,

mit verschränkten Armen sitzen,

auf der Sitzkante eines Stuhls sitzen.

*In einer Gruppe kann das Geschehen unterbro-
chen werden und die Gestik und Mimik von Teilnehmenden in Zeitlupe wiederholt werden.*

**Erlebnismoment
für eine verbale Kommunikation:**

*Suche dir einen Partner. Einer spricht ein Beispiel aus
den folgenden Wortfeldern aus. Die zweite Person
wiederholt diese Worte. Anschließend tauschen sich
beide darüber aus, wie die Worte auf sie wirken.*

*- Im Wortfeld der inneren und äußeren Bewegung:
  Nicht bereit sein, total festgefahren, nicht dazu-
  gehören wollen, etwas gleitet aus der Hand.*

*- Im Wortfeld der sehenden Wahrnehmung:
  Den Überblick verlieren, vor sich hindämmern,
  Augen zu und durch.*

> - *Im Wortfeld des hörenden Wahrnehmens:*
>   *Die Welt nicht mehr verstehen, mit jemanden*
>   *reden wollen, „sage, dass ich Recht habe".*
> - *Im Wortfeld des schmeckendes Empfindens:*
>   *Auf die Füße kotzen, „das schmeckt mir nicht".*
> - *Im Wortfeld des riechenden Empfindens:*
>   *Die Nase voll haben.*

Doppelbotschaften entstehen, wenn der Körper etwas anderes zum Ausdruck bringt als das gesprochene Wort. Mit gesenktem Kopf und leiser Stimme sagt eine Person: „Ich freue mich riesig." Die verbale und nonverbale Kommunikation sind nicht deckungsgleich. Um unmissverständlich zu kommunizieren, müssen die verbalen und nonverbalen Botschaften übereinstimmen. Schulz von Thun verwendet hier den Begriff der Stimmigkeit. Stimmig muss die Nachricht mit dem Inneren des Senders sein, zum Gegenüber passen, zu der Beziehung zwischen Sender und Empfänger und zu der Situation, in der sich beide befinden. Ruth Cohn nennt diese Überprüfung der Gesamtsituation „selektive Authentizität": „Nicht alles, was echt ist, will ich sagen, doch was ich sage, soll echt sein."[9]

3.1. Ich sehe was, was du nicht siehst – Wahrnehmung

Wahrnehmungen sind das A und O jeder Kommunikation und Interaktion. In dem Begriff „Wahrnehmung" steckt das Adverb „wahr". Jeder meint, dass ihm seine Wahrnehmungen Wahrheiten vermitteln. Dabei sind sie subjek-

---

[9] Schulz von Thun, Miteinander reden 1, S. 120ff.

tiv und nicht objektiv. Sie werden beeinflusst von den körperlichen und geistigen (Un-)Fähigkeiten, von den eigenen Werten und Normen sowie von Gefühlen (wie Liebe und Hass, Sympathie und Antipathie, Freude und Traurigkeit, Angst und Mut). Dies gilt für den Alltag wie auch in der Gruppenarbeit. In der Gruppe kann die Leitung beispielsweise eine unklare Atmosphäre im Raum erspüren: Da ist etwas, aber es kann noch nicht benannt werden. Hilfreich ist es, die eigenen Wahrnehmungen ernst zu nehmen und ihnen zu vertrauen, da ansonsten die Gefahr besteht, das Verhalten nach Vorstellungen, Vorurteilen und Bildern auszurichten, anstatt spontan und lebendig in der Gegenwart zu reagieren.

Kein Mensch kann die gesamte Realität, sondern nur Ausschnitte erfassen. Dieser Vorgang wird als selektive Wahrnehmung bezeichnet. Im (Gruppen-)Alltag ist diese unbedingt nötig, da wir eine Fülle von Informationen erhalten, die wir nicht allesamt in uns aufnehmen können. Sie dient dazu, verflochtene und komplizierte Zusammenhänge zu reduzieren und ein Gefühl von Sicherheit zu vermitteln. Dadurch kann der Mensch handlungsfähig bleiben und sich aus eigener Sicht angemessen verhalten. Selektive Wahrnehmung hat eine Schutzfunktion, um mit Situationen umgehen zu können, die ängstigen und die jeweilige Person an die eigenen Grenzen der Handlungsmöglichkeiten führt.

Ohne die Bereitschaft, offen für andere Sichtweisen zu sein, die auch Wahrheiten beinhalten, führt die selektive Wahrnehmung zur Intoleranz.[10]

---

[10] Vgl. Langmaack, Braune-Krikau, wie die Gruppe laufen lernt, S. 104.

Beispiel aus der Praxis

Bei einem Gespräch unter Kollegen, die unterschiedliche Ziele in ihrer Arbeit verfolgen, kommt es zum Konflikt. In einem von einer Partei später angelegten Gedächtnisprotokoll werden Sachverhalte als „eigene Realität" entweder ausgeblendet oder hinzugefügt. Die Gegenpartei hat das Gespräch mit anderen Sachverhalten wahrgenommen. Beide haben sich ihre eigene Realität konstruiert und ein Bild vom „realen" Geschehen gemacht. Um den Konflikt zu lösen, müssen die Konfliktparteien bereit sein, sich mit dem Bild des anderen bzw. mit der eigenen selektiven Wahrnehmung auseinander zu setzen.

Die Menschen nehmen die Welt vor allem durch die fünf Sinnesorgane wahr; hinzu kommt die innere Welt durch das Erspüren von Körperempfindungen, Bewusstmachen von Gefühlen und Gedanken. Wahrnehmen hat viel mit Aufmerksamkeit zu tun. Das folgende Erlebnismoment hat das Ziel, die Aufmerksamkeit auf einzelne Teilnehmende bzw. auf eine gesamte Gruppe in besonderen Situationen zu richten.

Erlebnismoment für eine
Körper-Wahrnehmung einer einzelnen Person:
Beschreibe deine körperliche Wahrnehmung und gebe ihr eine Bedeutung. Diese Fragen sind Beispiele: Wie nehme ich eine Körperhaltung eines Teilnehmers wahr? Taucht diese Person in bestimmten Situationen ab, lehnt sie sich zurück oder beugt sie sich vor?

Wie erlebe ich meinen eigenen Körper, wenn ich mit dieser Person in Kontakt trete?
Welche Wünsche nach Nähe und Distanz werden in mir wachgerufen?
Welche Bilder, Fantasien und Erinnerungen werden in mir wachgerufen, wenn ich an diese Person denke oder wenn ich in Kontakt mit ihr bin?

Erlebnismoment für eine
Körper-Wahrnehmung einer Gruppe:
Wie nehme ich die Gesamtgruppe wahr:
Ist sie in Bewegung oder ist sie wie eingefroren?
Wie ist die Sitzordnung – verändert sie sich oder ist sie starr?
Wie geht die Gruppe mit körperlichen Bedürfnissen um und wie bringen die Teilnehmer diese zum Ausdruck, z. B. der Wunsch nach frischer Luft, nach Wärme oder Pause?
Wie funktioniert die Interaktion zwischen den Teilnehmenden: Rückt sie bei bestimmten Themen eng zusammen? Ändert sich die Sitzhaltung bei bestimmten Themen?
Wie erlebe ich meinen Körper in der Gruppe?
Welche Wünsche und Bedürfnisse werden bei mir in der Gruppe geweckt?
Reflektiere diese beispielhaften Fragen anhand einer bestimmten Gruppe.

Formuliere deine Vermutungen erst in einem nächsten Schritt:
Ich vermute z. B., dass das Klima in der Gruppe offen ist. Dann überprüfe deine Vermutungen durch bewusste Interventionen, wie z. B. Nachfragen, Verbalisieren der eigenen Befindlichkeit oder Einsetzen von Feedback-Methoden.

Es empfiehlt sich, von Zeit zu Zeit Wahrnehmungen zu protokollieren und dann miteinander zu vergleichen. So werden wichtige Stationen im Gruppenprozess sichtbar.

3.2. Vier Bereiche einer Person – Selbst- und Fremdwahrnehmung

Selbst- und Fremdwahrnehmungen helfen, sich persönlich weiter zu entwickeln. Das Feedback ist dabei ein Instrument und ein Angebot an eine Person. Joe Luft und Harry Ingham stellen dies bildlich in einem Fenster mit vier Feldern, dem sogenannten „Johari-Fenster", dar:[11]

1. Selbstwahrnehmung meint, dass ich mich wahrnehme, so wie ich bin und mich für andere transparent mache („öffentliche Person").

2. Dann gibt es einen zweiten Bereich, der mir zwar bekannt, anderen jedoch unbekannt ist („Private Person)". Indem ich mich selbst gegenüber anderen (in der Gruppe) offenbare, verkleinert sich dieser Bereich.

3. Durch Fremdwahrnehmung können Aspekte der Persönlichkeit aufgedeckt werden, die für die betreffende Person einen „blinden Fleck" darstellen. In diesem dritten Bereich fehlt es der Person an Selbsteinsicht.

---

[11] Vgl. Fengler, Feedback geben, S. 16–17.

Besonders hier hilft das Feedback, den „blinden Fleck" für das Selbst zu verkleinern ohne zu einer Verunsicherung zu führen.

4. Schließlich gibt es einen Bereich, der mir selbst – und anderen – ein Geheimnis ist („Unbekanntes"). Doch durch Selbstreflexion und Austausch mit anderen kann in diesem Bereich viel in Bewegung kommen.

Für die Arbeit in Gruppen bedeutet dieses „Johari-Fenster": Diese Bereiche verändern sich je nach Gruppenprozessen proportional. Der äußere Rahmen, der die gesamte Person darstellt, bleibt immer gleich groß, doch wenn sich z. B. der Innenflügel der „öffentlichen Person" vergrößert, so verkleinern sich automatisch die Innenflügel der Bereiche „private Person" und „blinder Fleck". Dies geschieht, indem die „öffentliche Person" bereit ist, sich anderen zu offenbaren. Nur wenn die „öffentliche Person" bereit ist, Informationen über sich preiszugeben und Informationen über sich einzuholen, kann sich der Raum des Handelns erweitern. Vertrauen und offene Beziehungen in der Gruppe entstehen dann, wenn einerseits die Bereitschaft besteht, sich selbst zu offenbaren und andererseits Rückmeldungen anderen zu geben und sie um Informationen zu bitten.

Auf den Bereich „Unbekanntes" gehe ich nicht weiter ein, da eine Verkleinerung dieses Innenfensters nicht in die Gruppenarbeit gehört, sondern zum Bereich der Tiefenpsychologie.

3.3. Ich weiß nicht, was soll es bedeuten ... – Interpretieren

Watzlawick hat entdeckt, dass man nicht nicht kommunizieren kann.[12] Das gleiche gilt für die Interpretation: Man kann nicht nicht interpretieren.

Nach der subjektiven Wahrnehmung folgt die Deutung bzw. Interpretation, die wiederum das eigene Handeln beeinflusst.

Manchmal reichen Bruchstücke von Informationen, um sie zu einem angeblichen Ganzen zusammenzufügen: *Ein maskierter Mensch in einer Bankfiliale löst die Assoziation beim Betrachter aus, dass hier ein Banküberfall stattfinden könnte. Dieser ruft sofort bei der Polizei an.*

Der *Betrachter handelt* auf der Grundlage seiner vertrauten inneren Muster, die sich aus Erfahrungen, Werten, Regeln und Theorien zusammensetzen. Erst wenn diese Muster nicht mehr im Einklang sind mit den Informationen von außen, beginnt ein oft langer Lernprozess: Nicht jeder *Maskierte* muss *automatisch ein Bankräuber sein*. Informationen sind zudem mit Empfindungen verbunden, die mit der eigenen Lebensgeschichte zu tun haben und mit den eigenen Bedürfnissen und Interessen in der Situation.

Oft nehmen wir das wahr, was wir wahrnehmen wollen, um uns in unserer Welt zurechtzufinden. Dementsprechend reagieren wir auf Menschen so, wie wir sie wahrnehmen und nicht darauf, wie sie wirklich sind.

---

[12] Vgl. Fengler, Feedback geben, S. 16–17.

Erlebnismoment:
Wahrnehmen – Interpretieren – Reflektieren:

Reflektieren

Wahrnehmen – Beschreiben ⟶ Interpretieren – Deuten

Wie nehme ich eine Person in einer (Gruppen-)Situation wahr? Wie handelt diese Person? Zu welchen anderen Gruppenteilnehmenden hat die Person Kontakt – zu welchen nicht? Wie tritt die Person im Plenum oder in der Kleingruppe auf? Wie könnte die Gruppenleitung zu konstruktiven Auseinandersetzungen beitragen?

Wie interpretiere ich die Person in einer (Gruppen-)Situation?

In der Interaktion zwischen Menschen geschieht der Prozess des Wahrnehmens, Interpretierens und des Verhaltens kreisförmig: Auf das eigene Verhalten reagiert das Gegenüber mit seiner Wahrnehmung, Deutung und seinem Verhalten. Dabei gewinnt das Wechselspiel an Qualität, wenn die Akteure um ihre Wirkung auf andere, ihre Werte und Normen, Erfahrungen und Gefühle wissen.[13]

---

[13] Vgl. Langmaack, Braune-Krickau, Wie die Gruppe laufen lernt, S. 103ff.

3.4. Wer Ohren hat zu hören, der höre – Mit vier Ohren hören

Vereinfacht dargestellt, teilt der Sender dem Empfänger eine Nachricht mithilfe eines Mediums mit, die der Sender verschlüsselt und vom Empfänger entschlüsselt werden muss. Das Medium kann dabei Sprache, E-Mail, Tonband oder ähnliches sein. Der Empfänger entschlüsselt die Nachricht und verarbeitet sie weiter. Die Kommunikation ist dann erfolgreich, wenn die Nachricht unverfälscht ohne Informationsverluste oder -verzerrungen beim Empfänger ankommt:

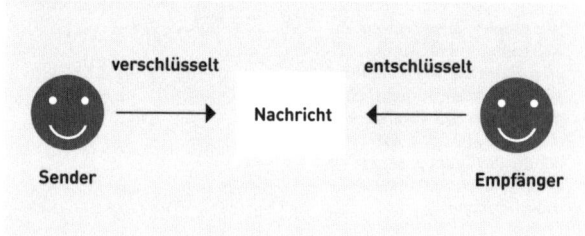

In dieser Darstellung ist der Kommunikationsstrang als eine Ein-Weg-Kommunikation dargestellt. Tatsächlich geschieht die Kommunikation und Interaktion zwischen Menschen als Zwei-Weg-Kommunikation bzw. kreisförmig. Je besser sie gelingt, umso geringer ist der Informationsverlust und desto angenehmer ist normalerweise der Kommunikationsprozess.

Erlebnismoment für eine „Einweg-Zweiweg-Kommunikation":

Es bilden sich Paare. Untereinander einigen sie sich, wer in der Übung die Rolle des „Empfängers/Malers" und des „Senders/Sprechers" einnimmt. Dann erhält der „Sender/Sprecher" ein Papier, auf dem z. B. ein Haus mit Fenstern und Türen abgebildet ist. Im ersten Teil der Übung (Einweg-Kommunikation) beschreibt der „Sender/Sprecher" dem „Empfänger/Maler" das Haus möglichst genau, sodass er es entsprechend auf einem Papier nachzeichnen kann. Rückfragen sind nicht erlaubt. Beim zweiten Teil der Übung sind Rückfragen erlaubt (Zweiweg-Kommunikation).

Menschliche Kommunikation beinhaltet immer zwei Ebenen, zum einen die Inhalts- und zum anderen die Beziehungsebene. Auf der Inhaltsebene werden sachliche Informationen mithilfe von Sprache transportiert. Die Botschaften auf der Beziehungsebene geschehen meistens nonverbal, also durch Gestik, Mimik, Körpersprache etc. Sie zeigt dem Empfänger, wie er die Botschaft verstehen soll. Wenn zum Beispiel ein Kollege zum Empfänger zugewandt und lächelnd sagt: „Die gestrige Besprechung mit dir hat es wirklich in sich gehabt. Du bist mir vielleicht einer. Ich konnte die ganze Nacht nicht schlafen."
Diese Nachricht käme beim Empfänger anders an, wenn der Kollege dabei einen bockigen lauten Tonfall wählte. Keine Nachricht wird um ihrer selbst willen gesendet, sondern beinhaltet immer eine Absicht. Der Empfänger soll etwas tun, wissen, unterlassen oder fühlen.

Schulz von Thun unterscheidet in der Kommunikation vier Seiten einer Botschaft. Auch im Feedback spielt dies eine Rolle:

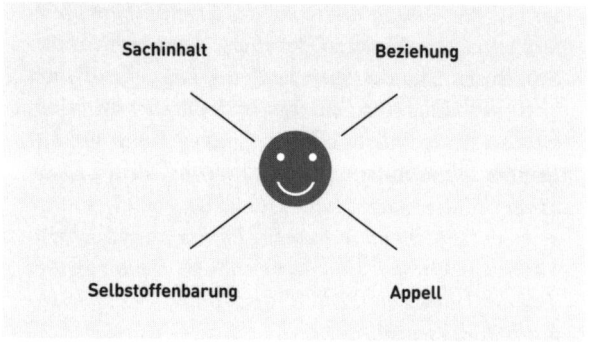

Sachinhalt

Die Sachebene meint die Übermittlung von sachlichen Informationen. Hier ist die Verständlichkeit von Bedeutung, also Einfachheit, Gliederung, Kürze, Prägnanz und zusätzliche Stimulanz.

Beziehung

Aus der Nachricht geht hervor, wie der Sender zum Empfänger steht, was er von ihm hält und wie er die Beziehung untereinander sieht. Die Nachrichten beinhalten „Du- bzw. Wir-Botschaften". Der Sender teilt dem Empfänger mit, wie er ihn wahrnimmt: „So bist du und so stehen wir zueinander."

Selbstoffenbarung

Ein Sender gibt in seiner Nachricht immer etwas über sich preis. Ich-Botschaften sind deutliche Selbstoffenbarungen, also Informationen über die eigene Person. Auch durch Gestik, Mimik, Tonfall etc. gibt der Sender etwas von sich kund.

Appell

Jede Nachricht vom Sender hat auch eine Appellseite, also eine Aufforderung an den Empfänger, bestimmte Dinge zu tun oder zu lassen. Ein Appell kann direkt oder indirekt ausgesprochen werden.

Einer geäußerten Blitzlicht-Mitteilung wird ein Empfänger nicht gerecht, wenn er auschließlich eine Handlungsforderung in der Botschaft sieht.

Beispiel aus der Praxis

„Ich finde es nicht gut, dass ich Tischdienst während dieser Freizeit machen muss. Schließlich muss ich das zu Hause auch nicht machen." Die Konsequenz für die Gruppe als Empfänger dieser Botschaft kann nicht darin bestehen, den Teilnehmer aus dem Tischdienstplan zu streichen. Vielmehr geht es in der Gruppe um ein Hören auf der Selbststoffenbarungsebene: „Der Feedback-Geber tut sich mit seiner zur Freizeit gehörenden Aufgabe schwer". In einem zweiten Schritt kann die Gruppe gemeinsam überlegen, welche Unterstützung er braucht, damit der Tischdienst ihm Freude macht und für den gesamten Gruppenablauf gelingt.

Erlebnismoment zu vier Seiten einer Nachricht:

Vier Personen aus der Gruppe vertreten jeweils eine Ebene einer Nachricht. Der Leiter nennt einen Satz. Aus der Rolle heraus entschlüsseln diese Personen anschließend die Nachricht, z. B.:

Leiter: „Da kommt gleich eine Ampel."

Sachinhalt: „In wenigen Metern kommt eine Ampel."

Beziehungsinhalt: „Du hast vermutlich die Ampel noch nicht wahrgenommen."

Appell: „Fahr jetzt aufmerksam!"

Selbstoffenbarung: „Ich bin ein aufmerksamer Beifahrer und achte auf die Straßenbedingungen."

So wie jede Nachricht vom Sender primär auf einer der vier Ebenen ausgesprochen wird, so wird sie vom Empfänger primär auf einem der vier Ohren gehört. Auf welchem Ohr die Nachricht beim Sender ankommt, hängt auch von der nonverbalen Kommunikation ab. Verbales und Nonverbales reisen zusammen. Missverständnisse und Doppelbotschaften beruhen auf der nonverbalen Ebene. Ein Sender spricht also mit vier verschiedenen „Schnäbeln", wobei die Nachricht zumeist eine von vier Ebenen fokussiert, die anderen klingen mit. Der Empfänger hat ebenfalls vier Ohren, wobei allerdings bei den meisten Menschen eines der vier Ohren besonders stark ausgeprägt ist. Schulz von Thun spricht von **drei Empfangsvorgängen:**

1. Wahrnehmen

2. Interpretieren

3. Reagieren bzw. Wirkung

Beim Interpretieren spielt die eigene Persönlichkeit eine wesentliche Rolle, die im dritten Schritt die persönliche Reaktion beeinflusst.

Erlebnismoment zu den drei Empfangsvorgängen:

Diese Übung ist geeignet für ca. acht bis 20 Personen. Die Gruppe teilt sich in zwei Kleingruppen auf und setzt sich in zwei Kreisen (Innen- und Außenkreis) gegenüber. Nun beginnt eine erste Feedback-Runde. Die Personen im Außenkreis haben die Aufgabe, der gegenübersitzenden Person ein Feedback nach dem obenbenannten Dreier-Schritt zu geben, also: Wie nimmt diese Person ihr Gegenüber wahr – konkret an einem Beispiel? Wie interpretiert sie diese Situation und welche Wirkung hat dies auf sie? Die gegenübersitzende Person hört dem Feedback zu und darf gegebenenfalls Verständnisfragen stellen, wenn ihr etwas unklar ist. Nach zwei Minuten wechselt der Feedback-Geber im Uhrzeigersinn einen Stuhl weiter. Die Runde wiederholt sich solange, bis jeder im Außenkreis einer Person im Innenkreis ein Feedback gegeben hat. Jede Runde dauert zwei Minuten. Der Moderator achtet darauf, dass diese Zeit eingehalten wird.

Dann kann ein Wechsel stattfinden. Die Personen aus dem Innenkreis wechseln zum Außenkreis und werden zum Feedback-Geber, die anderen zum Feedback-Nehmer. Nach der Übung kann gemeinsam reflektiert werden, ob es für die jeweiligen Personen leichter war, Feedback zu geben oder zu hören.

Tipp:
Zwischen den Rollenwechseln empfiehlt sich eine kleine Pause von ca. 10 Minuten.

3.5. Weitere theoretische Bezugspunkte

3.5.1. Ich – Wir – Thema: Drei Eckpfeiler in der Themenzentrierten Interaktion nach Ruth Cohn

Ruth Cohn ist die Begründerin des Konzeptes der Themenzentrierten Interaktion (TZI). Sie geht davon aus, dass jeder Mensch die Fähigkeit besitzt, das Leben aus eigener Kraft gestalten zu können. Ihr Regelwerk **bzw. Menschenbild** verhilft Gruppen in ihren jeweiligen Prozessen zu einem effektiven und lebendigen Lernen und Arbeiten. Ihr Konzept ist demnach überall dort wachstumsfreundlich, wo sich ein Prozess zwischen Menschen entwickeln soll. Hierbei gehen Selbstverwirklichung, Kooperation und Aufgabenlösung Hand in Hand. Charakteristisch daran ist, dass sich die Ansprüche eines Themas mit den Ansprüchen der Gruppe und den eigenen Ansprüchen einer Person in einer dynamischen Balance befinden. Dazu entsteht ein gleichseitiges Dreieck[14]:

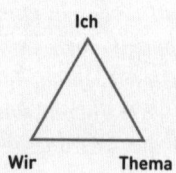

---

[14] Vgl. Wellhöfer, Gruppendynamik und soziales Lernen, S. 132.

Eine Gruppe befindet sich im Gleichgewicht, wenn diese drei Faktoren in einem ausgewogenen Verhältnis zueinander stehen. Das Dreieck ist optimal im Gleichgewicht, solange es immer wieder angestrebt wird:

Ich:
Meine Bedürfnisse, Interessen und Wünsche kommen hier vor.

Wir:
Die Interaktion und Kommunikation mit den anderen ist bereichernd und bringt jeden Einzelnen in seiner Entwicklung weiter.

Thema:
Die Bearbeitung der Gruppenaufgabe bringt den Teilnehmenden Freude und führt zu einem Gewinn.

Durch eine gute Struktur kann Vertrauen zwischen den Gruppenmitgliedern und zum Gruppenleiter entstehen, was wiederum eine Offenheit und Bereitschaft zur Arbeit an der Gruppenaufgabe schafft.

Nach Cohn kommt noch ein vierter Aspekt hinzu, den sie „Globe" nennt und der einen Kreis um das gleichseitige Dreieck bildet. Mit „Globe" ist ein objektiver Faktor gemeint, wie das soziale, historische, politische, ökonomische, religiöse Umfeld. Eine Gruppe arbeitet und lebt nicht ohne dessen Zusammenhänge im Hier und Jetzt. Die menschlichen Begegnungen finden also nicht im luftleeren Raum statt, sondern ereignen sich unter konkreten Bedingungen. Dieses gilt auch für das Feedback.

Die Aufgabe der Gruppenleitung besteht darin, eine Balance zwischen Person, Gruppenprozess und Thema herzustellen.

Aus diesen grundsätzlichen Überlegungen werden in der TZI Regeln und Hilfsregeln für das Arbeiten in Gruppen abgeleitet. Sie verstehen sich als Forderungen an die Persönlichkeit und das Kommunikationsverhalten der einzelnen Gruppenteilnehmer, sodass sie auch eine Relevanz für das Feedback haben:

1. Sei deine eigene Chairperson

Versuche in der Gruppe das zu geben und zu nehmen, was du selbst geben und erhalten möchtest.

Richte dich nach deinen Bedürfnissen, Interessen und Wünschen (innerer Blick) auf das Thema bzw. die Aufgabe in der Gruppe (äußerer Blick).

Du bist selbst verantwortlich für das, was du aus diesem Gruppengeschehen für dich machst. Kein anderer ist dafür verantwortlich, was du tust bzw. nicht tust, ob du redest oder schweigst.

Die anderen aus der Gruppe tragen jeweils selbst die Verantwortung für sich.

Sowohl der Blick nach innen als auch nach außen verhindert Egoismus, der den anderen vergisst, und eine Helferhaltung, die sich selbst vergisst. Dies alles ist mit dem Begriff „Chairperson" gemeint.

2. Störungen haben Vorrang

Unterbrich den Gruppenablauf, wenn du dich aus guten Gründen nicht mehr auf das Thema konzentrieren kannst. Gründe können sein: Gefühle wie Ärger oder Traurigkeit, unausgesprochene Vorurteile oder Langeweile. Wer sich nicht mehr innerlich in das Dreieck einbringen kann, ist ein Verlust für die gesamte Gruppe. Ohne die Lösung von Störungen wird hier Wachstum erschwert oder verhindert. Doch nicht jede Störung kann und muss behoben werden. Indem sie jedoch den anderen mitgeteilt wird, ist sie für die Interaktion und Kommunikation untereinander transparent. Keiner muss darüber Fantasien entwickeln, was mit dir ist.

Diese beiden oben genannten Forderungen werden durch Hilfsregeln unterstützt, die die Kommunikation und Interaktion erleichtern und lebendig machen. Die Hilfsregeln[15] hören sich einfach an, aber die praktische Umsetzung dieser Empfehlungen ist nicht leicht. Sie dienen dazu, Vertrauen untereinander zu schaffen:

3. Vertritt dich selbst
Mache Ich-Botschaften und zeige dich dabei als Person. Stehe zu dir selbst. Dafür trägst du die Verantwortung, auch über die Sprache, die du dabei verwendest. Verbirg dich nicht hinter persönlichen Versteckspielen wie „man" oder „wir".

4. Vermeide Fragen
Informationsfragen zum Thema sind nötig. Fragen, die kein Verlangen nach Informationen ausdrücken, sind hingegen oft eine Methode, um seine eigenen Interessen, Bedürfnisse und Wünsche zu verbergen. Vor allem Warum-Fragen bringen das Gegenüber in eine Position, sich zu rechtfertigen. Wenn du fragst, erläutere dein Interesse an der Frage.

5. Sei authentisch und selektiv in deiner Kommunikation
Nimm Kontakt zu deinen eigenen Gedanken und Gefühlen auf. Sage nicht immer alles, was du denkst und fühlst, aber sei dir dessen bewusst. Habe beim Aussprechen im Blick, was davon tragfähig für die Gruppe und das Thema ist.

---

[15] Vgl. Schlee, Kollegiale Beratung und Supervision für pädagogische Berufe, S. 60-62.

6. Halte dich mit Interpretationen zurück

Wenn du interpretierst, drücke dich adäquat aus, ansonsten lösen deine Interpretationen beim Gegenüber Abwehr aus und verlangsamen beziehungsweise unterbrechen den Prozess.

7. Einer spricht nach dem anderen

Keiner kann gleichzeitig mehreren Sprechern zuhören. Um jeden einzelnen Wortbeitrag zu würdigen, spricht jeder nacheinander. Eventuell führt der Moderator hierzu eine Rednerliste, um die Reihenfolge der Wortbeiträge zu strukturieren.

8. Verwende den Dreischritt bei Rückmeldungen

Wenn dich etwas bezogen auf das Thema oder ein Gruppenmitglied beschäftigt oder berührt, dann gib Rückmeldungen im obengenannten Dreischritt (s. drei Empfangsvorgänge in Kapitel 3.4.) und beschreibe möglichst konkret, welche Äußerungen oder welches Verhalten genau dein Gefühl, deine Meinung auslöst:

Ich nehme wahr ..., mir fällt auf ...
Ich deute das so ..., Bei mir kommt es so an ...
Ich werde deshalb dies oder jenes tun, lassen oder dich darum bitten ...

3.5.2. Echtheit – Wertschätzung – Empathie: Der Personenzentrierte Ansatz nach Carl Rogers

Carl Rogers ist der Begründer der klientenzentrierten Gesprächsführung. Seine Grundannahme besteht darin, dass jedes Individuum selbst über ein Potenzial verfügt, sich selbst zu begreifen und Verhaltensänderungen vorzunehmen. Dieses Potential wird vor allem dann wirksam, wenn drei Variablen in der Gesprächssituation beachtet werden: Echtheit, Wertschätzung und Empathie, die ebenfalls beim Feedback eine konstruktive Wirkung haben[16]:

Echtheit

Mit der Haltung von Echtheit oder authentischem Verhalten ist gemeint, dass dieser sich seinem Gegenüber mit seinen wirklichen Gefühlen zeigt, dem anderen nichts vormacht und eine Fassade aufbaut. Sie beinhaltet ein Beziehungsangebot. Nur wenn der Feedback-Geber bzw. -Annehmer ein echtes Interesse am Gegenüber hat und diesem so begegnet, wie er wirklich ist, kann eine gute Gesprächsbeziehung entstehen.

Wertschätzung

Eine bedingungslose Annahme und Akzeptanz einander sind eine fundamentale Voraussetzung für ein gelingendes Gespräch. Beide Personen, der Feedback-Geber und -Annehmer geben sich gegenseitig einen Raum, in dem sie sich als eigenständiges Individuum schätzen und nicht bewerten.

Empathie

Empathie beschreibt den Versuch einer Person, sich in eine andere Person hineinzuversetzen, sodass deren Emotionen und Motive nachempfunden werden können. Das Gegenüber soll dabei „von innen" verstanden werden. Seine Welt wird mit seinen Augen gesehen. Durch aktives Zuhören und einfühlsames Verstehen kann es gelingen, die Gefühle und deren persönliche Bedeutung nachzuspüren. Eine solche Haltung trägt dazu bei, dass das Gegenüber ein Klima erlebt, in dem es sich entfalten und korrigierende Veränderungen langfristig in seinem Verhalten vornehmen kann.

---

[16] Vgl. Schlee, Kollegiale Beratung und Supervision für pädagogische Berufe, S. 58-60.

KAPITEL 4
METHODEN FÜR DIE PRAXIS

4.1. Feedback zwischen mind. zwei Personen

Feedback-Geben
Material: Evtl. Flipchart o. ä., um die vier Schritte anschreiben zu können

Nachdem den Teilnehmern Sinn und Zweck des Feedbacks erklärt worden ist, werden Zweiergruppen gebildet. Untereinander einigen sie sich, wer die Rolle des Feedback-Gebens und wer die Rolle des Feedback-Annehmens einnehmen möchte. Der Empfänger des Feedbacks nimmt eine innere Haltung ein, die das Feedback als Geschenk betrachtet. Dann hört der Empfänger aufmerksam zu. Der Feedback-Geber gibt sein Feedback in vier Schritten:

1. Ich habe beobachtet ... / mir ist aufgefallen ...
2. Ich habe dabei gedacht ... / gefühlt ...
3. Meine Reaktion war ...
4. Ich wünsche mir (mögliche Verbesserungswege aufzeigen)

Tipp:
Diese klassische Methode des Feedbacks lässt sich auch in der Gruppe einsetzen. Dazu teilt sie sich in zwei Kleingruppen auf, ggf. nach Frauen und Männern getrennt (vgl. Kapitel 3.4. „Wer Ohren hat zu hören, der höre – Mit vier Ohren hören", Erlebnismoment zu den drei Empfangsvorgängen).

Öffnen

Material: Nicht erforderlich

Die Balance zwischen sensibler Annäherung und dem Respekt vor der Zurückhaltung in der Begegnung ist ein wichtiger Bestandteil für die nonverbale Interaktion zwischen zwei Menschen. Wenn mehrere Paare aus der Gruppe gleichzeitig diese Erlebnismomente ausprobieren, kann das langfristig weitreichende Wirkung auf das gesamte Gruppengeschehen haben:

Es finden sich Paare zusammen. Einer von beiden setzt oder legt sich so hin, dass er sich ganz zusammenzieht, z. B. Beine an den Leib und Arme darum schlingen. Der Zweite versucht nun, diesen Spieler zu öffnen, ihn aufzuschließen. Der „Zusammengerollte" öffnet sich erst bei ihm angenehmen Berührungen.

Variante:

Hierbei versucht eine Person die geballte Faust der anderen zu öffnen.

Tipp:
Diese Übung setzt Vertrautheit in der Gruppe voraus.

Tandem

Material: Nicht erforderlich

In einer Gruppe bilden sich Paare, die für einen begrenzten Zeitraum eine Verpflichtung füreinander eingehen:

Sie unterstützen sich gegenseitig kollegial und geben sich regelmäßig ein Feedback. Themen des Austausches ergeben sich aus dem Inhalt, dem Gruppengeschehen und den persönlichen Lernzielen. Der Tandempartner ist aktiver Zuhörer und Begleiter. Durch die Tandemarbeit wird Verlässlichkeit und Verbindlichkeit erlebt, findet Ermutigung, Frustabbau sowie Reflektion des (beruflichen) Alltags statt.

4.2. Feedback untereinander in der Gruppe

Tipp:
Manchmal ist es sinnvoll, selbst gestaltete Bilder, Texte an Flipcharts, gestaltete Mitten usw., die während des Seminars entstehen, später noch einmal anzusehen oder auszuwerten. Darum fotografiere ich solche Bilder, wenn sie sich nicht anders aufheben lassen.

4.2.1. Positives Feedback

Danke
Material: Nicht erforderlich

Jeder Teilnehmer sucht sich gedanklich zwei Personen aus der Gruppe aus, denen er für sein Wohlbefinden in der Gruppe dankbar ist. Dann äußern die Teilnehmer nacheinander, wer diese Personen sind und wofür sie danken möchten.

> **Tipp:**
> *Trotz des positiven Feedbacks muss die Leitung mit Widerstand aus der Gruppe rechnen.*

Variante:

Die Seminarleitung schreibt am Ende des Seminars oder der Freizeit ein „Dank an …" für alle Teilnehmer. Beispiele: Dank an Vivien für ihr kooperatives Verhalten; Dank an Michael für seine kreativen Ideen; Dank an Frank für seine Bereitschaft beim Einkaufen vieler Lebensmittel.

Geschenke

Material: Namenslose, diverse Materialien

Bei diesem Spiel müssen sich die Gruppenteilnehmer schon eine Zeit lang gut kennen. Jeder Spieler zieht einen Namen aus der Gruppe, dabei achtet die Leitung darauf, dass keiner seinen eigenen Namen zieht. Dann besteht die Aufgabe darin, dass jeder sich für den gezogenen Namen ein charakteristisches symbolisches Geschenk überlegt und es aus diversen Materialien herstellt.

In einem zweiten Schritt kommt es zur Geschenkübergabe. Beispiele: „Anneke, ich habe dir einen kleinen Computer aus einem Schuhkarton gebastelt, weil ich von dir weiß, dass du gern am Computer arbeitest." „Für dich, Henry, habe ich ein Buch gestaltet, weil du gern liest." „Du, Jiri, bekommst ein Schiff von mir, weil du in den Sommerferien gern segelst."

Sonnenstrahlen

Material: Papier, Stifte, evtl. meditative Musik, CD-Player

Jeder Spieler erhält ein Blatt Papier, auf das er eine Sonne malt, in die er wiederum seinen Namen schreibt. Die Sonne erhält so viele Sonnenstrahlen wie Teilnehmer vorhanden sind. Der Leiter lädt bei meditativer Musik alle dazu ein, dem anderen einen wertschätzenden Satz in seine Sonnenstrahlen zu schreiben. Das Licht, die Wärme, das/die von ihm ausgeht, wird ihm auf diese Weise schriftlich mitgeteilt. Nach einer geraumen Zeit nehmen alle wieder auf ihrem Stuhl Platz und haben Zeit, ihre „Sonnenstrahlen" zu lesen.

Wichteln

Material: Namenslose

In der Vorbereitung hat die Leitung alle Namen der Teilnehmer auf einen Zettel geschrieben. Alle ziehen einen Namen. Wer seinen eigenen Namen gezogen hat, legt den Zettel zurück und nimmt sich einen neuen. In den folgenden Tagen wird die einem „zugeteilte" Person „bewichtelt"; ihr wird etwas Gutes getan, beispielsweise eine freundliche anonyme Karte, ein Schokoriegel auf das Bett gelegt oder unterstützende Zuarbeit bei einer Arbeitsaufgabe.

Würdigung

Material: Nicht erforderlich

Nacheinander treten die Teilnehmer in die Mitte eines Kreises und erzählen z. B. von einem Erfolg in den letzten

Monaten, von einer der Gruppe verborgenen Fähig- oder Fertigkeit, etwas, worauf sie stolz sind. Jeder Beitrag wird von den anderen mit Beifall gewürdigt.

4.2.2. Gemischtes Feedback

Baumvergleich
Material: Papier und Stifte

Jeder Teilnehmer zeichnet auf Papier einen Baum mit Wurzeln, Stamm, Ästen, Nest, Specht, Blüten und Früchten auf. Dann wird jedes Gruppenmitglied als ein Teil des Baumes eingetragen. Anschließend beginnt eine Vernissage, bei der alle Teilnehmer bei den anderen schauen dürfen, wo sie sich in den jeweiligen Baumdarstellungen finden.
In einer Auswertung kann ein Gespräch darüber erfolgen, in welcher Rolle die jeweilige Person häufig gesehen worden ist und in welcher Rolle sie sich selbst sieht. Vielleicht kann auch eine Entdeckung darüber gemacht werden, in welchem Zustand sich die gesamte Gruppe befindet.

Blüten, Früchte und Steine
Material: Plakatbögen, Wachsmaler, aus Tonkarton ausgeschnittene Früchte, Blüten und Steine, Klebestifte

Jeder Teilnehmer malt auf einem Plakatbogen einen Baum auf. Dazu erhält er aus Tonkarton ausgeschnittene Früchte, Blüten und Steine, die jeweils für eine Frage stehen:
Früchte: Welche Kompetenzen habe ich schon?
Blüten: Welche Kompetenzen dürfen sich noch entwickeln?

Steine: Was fällt mir schwer?

Dann klebt jeder seine beschriebenen Blüten, Früchte und Steine in seinen Baum.

In einem zweiten Schritt teilt sich die Gruppe in Kleingruppen mit ca. vier Personen auf. Nacheinander stellen sich die Teilnehmer ihre Bäume vor. Wenn sich die Teilnehmer gut untereinander kennen, dann teilen sie einander mit, wo sie über das Gesagte hinaus Blüten, also Potentiale, und Früchte bei der betreffenden Person wahrnehmen. Diese entscheidet selbst, ob sie die Fremdwahrnehmungen annehmen und zu ihrem eigenen Baum kleben möchte. Dabei achtet sie sensibel darauf, was sich dadurch verändert bzw. bei welchen Blüten und Früchten Widerstand entsteht. Dann ist die nächste Person an der Reihe.[17]

Tipp:
Wenn sich die Gruppe nach einem langen Zeitraum wieder begegnet, schauen die Teilnehmer auf ihre damaligen Aufzeichnungen und nehmen wahr, was sich in der Zwischenzeit verändert hat.

Drei Fragen
Material: Papier und Stifte

Jeder Teilnehmer erhält drei Fragen, von denen zwei richtig und eine falsch beantwortet werden. Nach einer kurzen Schreibphase beginnt ein Spieler, seine Antworten vorzulesen. Die anderen aus der Gruppe versuchen einzuschätzen, welche Frage falsch beantwortet wurde.

---

[17] Hartebrodt, Weiter geht's, S. 38.

Mögliche Fragen:

Wo und wie würde ich am liebsten wohnen? Antwortbei-
spiele: im Berliner Hinterhaus, im Iglu am Nordpol, am
Strand von Mallorca.

Wo und wie gehe ich am liebsten essen?

Was habe ich als Kind am liebsten gespielt?

In einem anschließenden Gespräch teilt jeder den anderen
mit, welche Antworten bei welcher Person am meisten
überrascht haben und welche Person viele Übereinstim-
mungen mit der eigenen Person hat.

Ein Gruppenmitglied fehlt

Material: Stuhl

Diese Methode ist geeignet, wenn jemand vorzeitig aus
der Gruppe ausscheidet. Auf Seminaren ist es schon fast
zur Regel geworden, dass jemand die Gruppe vorzeitig aus
unterschiedlichen Gründen verlässt. Doch das Ausscheiden
löst etwas für das Zusammengehörigkeitsgefühl in der
Gruppe aus: Das Fehlen bzw. Fernbleiben wird von den
anderen registriert und Fantasien werden über die möglichen Gründe entwickelt. Einzelne entwickeln dazu auch
Schuldgefühle. Um dies in der Gruppe zu bearbeiten, stellt
der Leiter einen Stuhl in die Mitte, stellvertretend für die
fehlende Person. Reihum können die Teilnehmenden selbst-
offenbarend ihre Gefühle und Empfindungen mitteilen. In
einem zweiten Schritt kann jeder sagen, was er jetzt gerne
der Person sagen möchte. Um die Gruppe zu stärken, können in einem dritten Schritt die Teilnehmenden aufgefor-
dert werden, den anderen mitzuteilen, warum sie in der
Gruppe bleiben.

Gruppensoziogramm

Material: Jeder Gruppenteilnehmer braucht einen Schuh
Für die Variante: Moderationskarten, Stifte

Nicht immer fühlen sich alle in der Gruppe wohl. Deswegen kann es sinnvoll sein, Positionen in der Gruppe zur Sprache zu bringen. Das Gruppensoziogramm bietet die Möglichkeit, Rollenmuster und informelle Hierarchien gemeinsam aufzudecken und zu verändern.
Die Gruppe sitzt in einem Kreis, in dem die Positionen der Teilnehmer dargestellt werden. Jeder überlegt sich, wo er innerhalb der Gruppe mit welchen Personen in Beziehung steht. Dann fängt einer an und platziert seinen Schuh so innerhalb der Kreismitte, dass er den Platz einnimmt, den der Schuhbesitzer meint inne zu haben. Auch die Schuhspitze kann dabei zum Ausdruck bringen, in welche Richtung diese Person geht. Wer also meint, abseits zu stehen, platziert seinen Schuh am Rande des Kreises. Dann ist der Nächste an der Reihe und platziert seinen Schuh. Ein erstes Gruppensoziogramm ist erstellt, wenn alle ihren Schuh im Kreis gestellt haben. Ein erster Gesprächsaustausch findet über diese Momentaufnahme der Gruppe statt:
Achtet darauf, wo der eigene Schuh steht. Achtet darauf, welche Schuhe in der eigenen Nachbarschaft sind.
Achtet darauf, in welche Richtung die Schuhe zeigen.
Achtet darauf, welche Schuhe dem eigenen ganz fern sind.
Nach einem Gesprächsaustausch über diese Momentaufnahme der Stellung und Rolle in der Gruppe kann eine zweite Runde starten, in der eine Person ihre Sichtweise zu Gruppenpositionen mit den Schuhen darstellt. In dieser Phase sind die anderen zunächst passive Zuschauer/Zuhörer. Erst nach der Darstellung bringen sie ihre subjektiven Wahrnehmungen zur Gruppe aktiv zum Ausdruck.

Variante:

Die Teilnehmer stellen sich vor, dass sie auf einem Luxusdampfer sind. Jeder überlegt sich, welche Rolle bzw. Position er auf diesem Schiff bildhaft innehat, z. B. Matrose, Kapitän, Steuermann, Animateur, Smutje, Passagier, Schiffsratte. Der Rollentitel wird auf eine Moderationskarte geschrieben. Im zweiten Schritt überlegt sich jeder, welche Rollen zu den anderen auf dem Schiff passen könnten. Dann beginnt die Vorstellungsrunde: Eine Person stellt ihre Rolle bzw. Position den anderen vor und legt dazu die Moderationskarte vor sich ab. Die anderen stellen ihre Gedanken der Person vor und überreichen ihr dazu ihre Moderationskarten. Diese werden gehört und nicht kommentiert. Anschließend ist die nächste Person an der Reihe.

Tipp:
Wenn die Moderationskarten an der kurzen Seite spitz zugeschnitten werden, kann wie beim Schuhsoziogramm (s.o.) verfahren werden; die Personen platzieren ihre „Schiffsrolle" in der Kreismitte.

Hinweis: Die Leitung muss mit Widerstand aus der Gruppe rechnen.

Meine Rolle, meine Position
Material: Farbige Plakatkartons, Spielfiguren, Stifte, Kamera

Diese Methode wende ich u. a. in der Begleitung von Ehrenamtlichen an, die sich in der Gruppe treffen, um Impulse für ihr Praxisfeld am Ort zu erhalten.

Für die Einzelarbeit werden alle Teilnehmer eingeladen, sich einen farbigen Plakatkarton ihrer Wahl zu nehmen, auf dem in einer Momentaufnahme die eigene Rolle bzw. Position im Praxisfeld mithilfe von Spielfiguren dargestellt wird. Dafür erhält jeder 20 bis 30 Minuten Zeit. Je nach Gruppengröße und festgelegtem Seminarthema werden dann die Bilder im Plenum oder in der Kleingruppe vorgestellt. Der erste „Künstler" erläutert sein Bild bzw. System. Dann äußern die anderen ihre Einfälle als kollegiales Gespräch zum Gehörten:

Was fällt auf?

Was gibt zu denken?

Welchen Titel würdet ihr diesem Bild geben?

Welche Möglichkeiten seht ihr in diesem Praxisfeld für die Weiterentwicklung der Rolle und Position des Künstlers?

Welche Kompetenzen kann der Künstler dort einbringen und welche kann er erweitern?

Mit welchen Schwierigkeiten muss die Person rechnen?

Anschließend hat der Künstler die Möglichkeit, auf die Rückmeldungen der Gruppe zu reagieren.

Bevor das nächste Bild in den Mittelpunkt der Gruppe gerät, wird das erste Bild fotografiert und zu einem späteren Zeitpunkt noch einmal betrachtet.

Personenraten

Material: Papier und Stifte

Bei dieser Übung können die Teilnehmer ein Feedback geben und erhalten. Dazu hat die Leitung alle Namen der Spieler auf einzelne Zettel geschrieben. Jeder Spieler zieht einen Namen – auch der eigene Name ist bei diesem Spiel erlaubt. Dann beginnt eine Person, den anderen die gezogene Person zu beschreiben, ohne die vorgestellte Person mit Namen zu nennen. Dann raten die anderen aus der Gruppe, welche Person gemeint sein könnte.

Tipp:
Das Spiel gewinnt an Reiz, wenn bei großen Gruppen vor der Namensziehung Kleingruppen von ca. drei Personen gebildet werden, die sich gegenseitig bei der anstehenden Umschreibung der gezogenen Personen unterstützen.

Portrait „Modern Art"
Material: Papier und Stifte

Jeder Teilnehmer erhält die Aufgabe, ein Portrait von seinem linken Nachbarn zu zeichnen. Anschließend schreibt jeder fünf Adjektive dazu, die zu der wahrgenommenen Person passen. Dann wird das Portrait vor die betreffende Person gelegt. In einem zweiten Schritt erzählt jeder reihum etwas zu dem Portrait und den spezifischen Adjektiven. Erst wenn die Runde komplett beendet ist, dürfen Rückfragen an den Feedback-Geber gestellt werden.

Selbst- und Fremdwahrnehmung
Material: Papier und Stifte

Die Teilnehmer werden eingeladen, spontan aufzuschreiben, was andere Menschen an ihnen mögen könnten (Fähig- und Fertigkeiten sowie Haltungen). Je nach Gruppengröße werden Dreier- oder Vierergruppen gebildet. Nacheinander stellt jeder seine Vermutungen den anderen vor, während die anderen der jeweiligen Person mitteilen, ob ihre Eindrücke mit der Selbstwahrnehmung übereinstimmen.

In einem zweiten Durchgang kann nach dem gleichen Schema ein Feedback darüber stattfinden, was andere Menschen als befremdlich oder beängstigend an ihnen empfinden könnten.

4.3. Feedback als Selbstmitteilung in der Gruppe

Blitzlicht

Das Blitzlicht ist eine Methode, um aktuell und blitzschnell die zwar spürbaren, aber nicht sichtbaren Stimmungen in der Gruppenstimmung zu erhellen. Es kann zu Beginn oder nach einem bestimmten Gruppengeschehen bzw. Lernabschnitt eingesetzt werden, um die individuellen Eindrücke und Befindlichkeiten der Teilnehmenden für alle öffentlich zu machen. Die Gruppe und der Leiter können anschließend Veränderungen vornehmen, um möglichen bzw. vermuteten emotionalen Blockaden der Teilnehmenden vorzubeugen. In der Schlussphase einer Gruppe können sich die einzelnen Mitglieder mithilfe des Blitzlichts auch Gedanken zum Gruppenthema machen.

Die folgenden Fragen können beim Blitzlicht beispielhaft eingesetzt werden.
Während eines Seminars:
→ Wie geht es dir jetzt mit dem Seminarverlauf?
→ Was geht dir gerade durch den Kopf?
→ Was möchtest du jetzt gerne tun?

Zur Halbzeit eines Seminars:
→ In den vergangenen Tagen ist mir deutlich geworden ...
→ In der zweiten Hälfte möchte ich mich noch mit dem Thema befassen ...
→ Für die zweite Hälfte wünsche ich mir von der Seminarleitung ...

Am Ende eines Seminars:
→ Was nehme ich mit?
→ Was lasse ich hier?
→ Was ich mir für das nächste Mal wünsche!

Regel beim Blitzlicht:
Jeder Wortbeitrag enthält nur wenige Sätze. Diskussionen oder Wertungen finden nicht in der Blitzlicht-Runde statt. Es kann sich nach dem Blitzlicht ein Gespräch ergeben, muss aber nicht sein.

1. Variante: Feedback-Würfel

Material: Selbstgebauter Holzwürfel mit den Maßen 15 x 15 cm, auf dem pro Seite ein Gesichtsausdruck (Smileys) zu sehen ist.

Die Gesichtsausdrücke sind an die sogenannten „Smileys"/ „Faces" angelehnt. Die Beschreibung der Gesichter und ihrer möglichen Bedeutungen sind in etwa:

Ein strahlendes Gesicht
    mir geht es strahlend, weil ... / ich stimme voll zu ...

Ein fröhliches Gesicht
    mir geht es gut, weil ... / ich stimme zu ...

☺ **Ein Strichmund**
ich weiß nicht so recht … / dazu habe ich keine
Meinung …

☺ **Ein erstaunter Mund**
ich bin erstaunt über … / warum ist das so …

☹ **Ein trauriges Gesicht**
ich bin traurig über … / mir geht es schlecht, weil …

☹ **Ein wütendes Gesicht**
ich bin wütend über … / ich stimme überhaupt
nicht zu …

Die Teilnehmenden sitzen in einem Kreis. Nacheinander
hält jeder diesen Würfel in seiner Hand und teilt den anderen mit, welches Gesicht gerade passend für die eigene Stimmung ist.

2. Variante: Bettlaken
Material: Auf sechs Bettlaken ist jeweils ein großes Gesicht
(s. o.) mit Wachsmalern aufgezeichnet, evtl. meditative Musik, CD-Player

Der Gruppenleiter nennt Ereignisse vom Tag. Entsprechend
den eigenen Gefühlen zu diesen Erlebnismomenten setzen
oder stellen sich die Personen auf ein Betttuch. Dabei kann
meditative Musik laufen. Wenn alle ihren Platz gefunden
haben, wird die Musik ausgestellt und die Personen können nacheinander den anderen mitteilen, was ihnen jetzt
wichtig ist.

Tipp:
Diese Variante ist besonders gut für Kinder geeignet.

3. Variante: Symbole

Material: Typische Symbole wie z. B. Schlüssel, Herz, Glühbirne, Werkzeug und Fuß entweder als Gegenstand oder als Fotografie

Für jedes Symbol steht eine charakteristische Aussage, z. B.:

Schlüssel: Eine Schlüsselerkenntnis war für mich …
Herz: Ich habe gefühlt …, Ich habe erlebt …
Glühbirne: Erhellend war für mich …, Als Geistesblitz war für mich wichtig …, Ich habe gelernt …
Werkzeug: Als Handwerkzeug nehme ich mit …
Fuß: Meine nächsten Schritte sind …

Entweder kann der Leiter für das Blitzlicht ein Symbol passend zum Gruppenprozess zur Sprache bringen lassen, oder alle Gegenstände bzw. Fotografien liegen in der Mitte und die Teilnehmenden entscheiden, zu welchem Symbol sie eine Aussage machen möchten.

4. Variante Wetterkarte 1

Material: Bettlaken, auf dem der Freizeitort mit Wachsmalern aufgezeichnet ist, mehrere Wettersymbole, z. B. Sonne, Sturm, Regen, Gewitter, aufgemalt auf Moderationskarten

Das Bettlaken liegt in der Mitte. Daneben liegen die Wettersymbole aufgestapelt. Die Leitung bittet die Teilnehmenden, sich entsprechend ihrer Stimmung für ein Symbol zu entscheiden. Nacheinander legen sie ihr Wetterzeichen in die Freizeitlandschaft und erläutern kurz den anderen, wie es ihnen geht, Beispiel: „In mir ist es regnerisch, weil ich mir vom Seminar mehr Praxisanteile erhofft habe."

Tipp:
Die Anzahl der jeweiligen Symbole entspricht der Teilnehmerzahl. Diese Blitzlicht-Runde kann nach drei, vier oder fünf Beiträgen mit dem Lied „Wolken oder Sonnenschein" aufgelockert werden.[18]

5. Variante: Wetterkarte 2
Material: Wettersymbole auf jeweils eine Karte gezeichnet

Je nach Gruppengröße werden sechs bis acht verschiedene Wettersymbole im Raum verteilt. Die Leitung gibt eine Impulsfrage, wie z. B. „Mir geht es ...?" Die Teilnehmenden ordnen sich einem Wettersymbol je nach subjektiver und momentaner Stimmung zu.

Tipp:
Diese Methode ist auch für ein Wiedersehen geeignet, wenn sich eine Gruppe eine lange Zeit nicht gesehen hat.

---

[18] Vgl. Schlaudt, Wolken oder Sonnenschein, Text und Musik.

Blitzlicht – Drei Adjektive
Material: Nicht erforderlich

Nacheinander teilen sich die Gruppenmitglieder einander mit, indem sie mithilfe von drei Adjektiven ihre Gefühle zum Ausdruck bringen. Beispiel: müde – bereichert an Wissen – neugierig auf die Gruppe.

Sternförmiges Blitzlicht
Material: Nicht erforderlich

Diese Methode ist geeignet, wenn mehr als 30 Personen in der Gruppe sind. Alle Teilnehmenden stehen in einem Kreis. Derjenige, der sich den anderen mitteilen möchte, tritt einen Schritt in den Kreis und äußert seine Eindrücke. Wer sich diesen anschließen möchte, tritt ebenfalls einen Schritt vor. Für einen Moment wird dieses sternförmige Bild in der Gruppe wahrgenommen. Dann treten alle wieder zurück in den Kreis. Eine andere Person kann ihre Mitteilung äußern.

Gruppe als Papier
Material: Papierbögen, Stifte, Scheren

Jeder Teilnehmer erhält ein Papierstück. Reihum behandelt jeder sein Papier so, wie er sich in der Gruppe momentan fühlt, z. B. bunt bemalen, einreißen, zerknittern, Ecken und Kanten werden geschnitten. Anschließend äußert jeder kurz, was er mit dem Papier gemacht hat und welche Einstellung zur Gruppe somit zum Ausdruck kommt.

Küstenlandschaft der
Kompetenzen und Fertigkeiten[19]

Material: Moderationskarten in den drei Farben grün, gelb und blau, Stifte, Stellwand mit einer aufgezeichneten Küstenlandschaft, Pinnnadeln

Die Metapher einer Küstenlandschaft bietet sich an, um persönliche Erfahrungen, Erlebnisse, Gefühle in Beziehung zu setzen zur unterschiedlichen Beschaffenheit einer Küstenlandschaft. Dazu erhält jeder Teilnehmer ausreichend Moderationskarten in drei verschiedenen Farben:

Grün = Festland: Mit meinen Kompetenzen und Fertigkeiten habe ich festen Stand.

Gelb = Sandiger Boden: Die Kompetenzen und Fertigkeiten habe ich schon erworben, fühle mich jedoch dabei/damit noch unsicher.

Blau = Wasser: Bei diesen Kompetenzen und Fertigkeiten schwimme ich noch.

Jeder Teilnehmer ordnet seine Kompetenzen und Fertigkeiten entsprechend zu.

Im zweiten Schritt hängt an einer Stellwand eine aufgezeichnete Küstenlandschaft mit Festland (grün), sandigem Boden (gelb) und Wasser (blau). Jeder Teilnehmer hängt seine Moderationskarten an die entsprechenden Stellen. Zum Schluss kann das Gesamtbild von der Gruppe ausgewertet werden.

---

[19] Vgl. Hartebrodt-Schwier, Elke, Weiter geht's, S. 42-43.

4.4. Feedback zum Verlauf und Ende eines Seminars

Die drei Eckpfeiler: Ich – Wir – Gruppe
Material: Flipchart und Stift

Analog zu der Ausführung der drei Eckpfeiler nach der Themenzentrierten Interaktion zeichne ich das gleichseitige Dreieck mit den Eckpfeilern „Ich – Wir – Gruppe" an den Flipchart an (s. Kapitel 3.5.2.). Die Teilnehmer lade ich ein, ein Feedback zum Seminar zu geben und dabei diese drei Aspekte im Blick zu haben.

Diverse Gegenstände
Material: diverse Gegenstände, die mit dem Seminar in Verbindung gebracht werden können.

In der Mitte liegen Gegenstände, die mit dem Seminar oder der Freizeit in Verbindung gebracht werden können, z. B. Kochlöffel, Erste-Hilfe-Koffer, Stift, Papier, Postkarten, Mütze. Die Teilnehmenden werden gebeten, sich einen Gegenstand aus der Mitte zu wählen. Anschließend teilen sich alle gegenseitig mit, was sie mit diesem Gegenstand und der Zeit mit der Gruppe bzw. dem Thema des Seminars bzw. der Freizeit verbinden.

Rückmeldung mit farbigen Punkten
Material: Stellwand, Plakat mit der Tabelle, Klebepunkte

Auf einer Stellwand ist ein großes Plakat befestigt, auf dem eine Tabelle zu folgendem skalierenden Stimmungsbaro-

meter zu sehen ist. Die Aussagen berücksichtigen die drei
Eckpfeiler der Themenzentrierten Interaktion (s. Kapitel
3.5.2.):

6	5	4	3	2	1	0	Aussage
							In der Gruppe habe ich mich wohlgefühlt.
							Ich habe wertvolle Lernerfahrungen gemacht.
							In der Gruppe habe ich gut arbeiten können.
							Das Thema hat mich interessiert.
							Ein Bezug zu meinem Umfeld ist hergestellt.

6= sehr, 0=überhaupt nicht)

Die Teilnehmenden erhalten Klebepunkte, die sie entsprechend ihren Empfindungen und Wahrnehmungen in die
Tabelle kleben. Auch der Gruppenleiter macht hierzu sein
Feedback.
Nach einer Pause haben die Teilnehmenden die Möglichkeit,
sich noch einmal das Ergebnis anzuschauen. Evtl. leitet der
Gruppenleiter ein Gespräch ein, bei dem er die Teilnehmenden motiviert, jetzt in der Gruppe noch das zu äußern, was
jeder Einzelne den anderen mitteilen möchte.

Rückmeldung zum Seminarverlauf
Material: Tabelle für jeden Teilnehmenden

Jeder Teilnehmer erhält auf einem DIN-A4-Blatt eine Tabelle. Jeder wird gebeten, sich hierzu kurz schriftlich zu äußern und die Tabelle ausgefüllt der Leitung für eine spätere Auswertung abzugeben.

	MO	DI	MI	DO	FR	SA	SO
Was war für mich die wichtigste Erfahrung in der Gruppe?							
Was war für mich das wichtigste Lernerlebnis?							
Wie ist es mir mit meinen Wünschen und Interessen ergangen?							
Was kann ich mit dem Gelernten außerhalb der Veranstaltung anfangen?							

Skalierungen zum Seminarverlauf

Material: langes Seil, grüner und roter Zettel, diverse Aussagen

Im Raum wird ein langes Seil gelegt. An das eine Ende kommt ein grüner, an das andere Ende ein roter Zettel. Der Leiter verliest eine Aussage, wie z. B. „der Seminarverlauf war gut strukturiert" oder „das Gelernte ist für mich von großer Bedeutung". Nach jeder Aussage positionieren sich die Teilnehmenden entsprechend am Seil: Diejenigen, die die Seminarstruktur gut fanden, stellen sich nah am grünen Zettel auf, und diejenigen, die das ganz anders wahrgenommen haben, stehen nah beim roten Zettel.

LITERATURVERZEICHNIS

Die Bibel. Nach der Übersetzung Martin Luthers. Hrsg. Von der Evangelischen Kirche in Deutschland, Stuttgart 1991. (Sonderausgabe zum „Jahr der Bibel 1992").

Duden, Das Fremdwörterbuch 5

Fengler, Jörg. Feedback geben. Strategien und Übungen, Weinheim und Basel: 4. Überarb. und erw. Aufl. 2009.

Goethe, Johann Wolfgang. Faust. Der Tragödie erster Teil, Stuttgart: 1986.

Hartebrodt-Schwier, Elke. In Bewegung kommen. 34 Spiele für Einstiege in Gruppen, 4. Aufl. Neukirchen-Vluyn: 2009.

Hartebrodt-Schwier, Elke. Weiter geht's. 44 Spiele zur persönlichen Entwicklung, Neukirchen-Vluyn 2011.

Langmaack, Babara, Braune-Krickau, Michael. Wie die Gruppe laufen lernt. Anregungen zum Planen und Leiten von Gruppen. Ein praktisches Lehrbuch, 6. Aufl. Weinheim: 1998.

Schlaudt, Bernd. Wolken oder Sonnenschein. In: Niedersächsischer Kirchenchorverband u.a. (Hrsg.): amen. Lieder für Kinder und Jugendliche, München-Berlin: 2000.

Schlee, Jörg. Kollegiale Beratung und Supervision für pädagogische Berufe. Hilfe zur Selbsthilfe. Ein Arbeitsbuch, Stuttgart: 2. erw. Auflage 2008.

Schulz von Thun, Friedemann. Miteinander reden 1. Störungen und Klärungen. Reinbek bei Hamburg: 1991.

Schulz von Thun, Friedemann. Miteinander reden 3. Das „innere Team" und situationsgerechte Kommunikation. Mit 101 Zeichnungen von Vera Hars. Reinbek bei Hamburg: 9. Aufl. 2002.

Wellhöfer, Peter R. Gruppendynamik und soziales Lernen. Theorie und Praxis der Arbeit mit Gruppen, Stuttgart: 3. Überarb. und erw. Auflage: 2007.

http://www.stangl-taller.at/ARBEITSBLAETTER/ KOMMUNIKATION/Feedbackgeben.shtml Stand: 15. Mai 2011.

neukirchener
aussaat

Die neue Reihe
für alle Gruppenleiter

Die neue „So geht's"-Reihe beschäftigt sich mit aktuellen
Themen u. a. aus den Bereichen Kommunikation, soziale
Kompetenz, Gemeindepädagogik und Entwicklung von
Gruppenangeboten. Alles in kompakter Form, mit den
wichtigsten Grundlagen und vielen praktischen Beispielen. Professionalisieren Sie Ihre Arbeit – Stück für Stück.
So geht's!

Joachim Zwingelberg
So geht's: Geschichten erzählen

Mit diesen praktischen Tipps und kreativen
Methoden können Sie Geschichten zum Leben
erwecken, sie spannend erzählen und damit in
die Wirklichkeit Ihrer Zuhörer hineinsprechen.
kartoniert, 83 Seiten, ISBN 978-3-7615-5926-0

Joachim Zwingelberg

SO GEHT'S:
GESCHICHTEN ERZÄHLEN

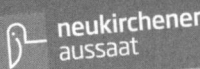

neukirchener
aussaat

neukirchener
aussaat

Gruppenarbeit spielend leicht

Gruppenarbeit braucht immer wieder neue kreative
Ideen. Um in jeder Situation das passende Spiel aus der
Hosentasche zaubern zu können, gibt es diese praktischen kleinen Bücher mit spielend leichter Umsetzung.
Damit sind Spaß und Action in Ihren Gruppen garan-
tiert. Wertvolle Hinweise zu benötigtem Material, Dauer
und Zielgruppe der einzelnen Spiele sorgen für einen
schnellen Überblick und einen problemlosen Einstieg
ins Spielgeschehen.

Joachim Zwingelberg
Wasserspiele
44 Ideen rund
ums nasse Element
spielend leicht
kartoniert, 79 Seiten
ISBN 978-3-7615-5857-7

Ruth Scheffbuch
Show-Spiele
33 Aktionen,
die Stimmung machen
spielend leicht
kartoniert, 71 Seiten
ISBN 978-3-7615-5858-4

Frank Bonkowski
Team-Training
44 Aktionen, die aus einer
Gruppe Individualisten eine
individuelle Gruppe machen
spielend leicht
kartoniert, ca. 72 Seiten
ISBN 978-3-7615-5923-9